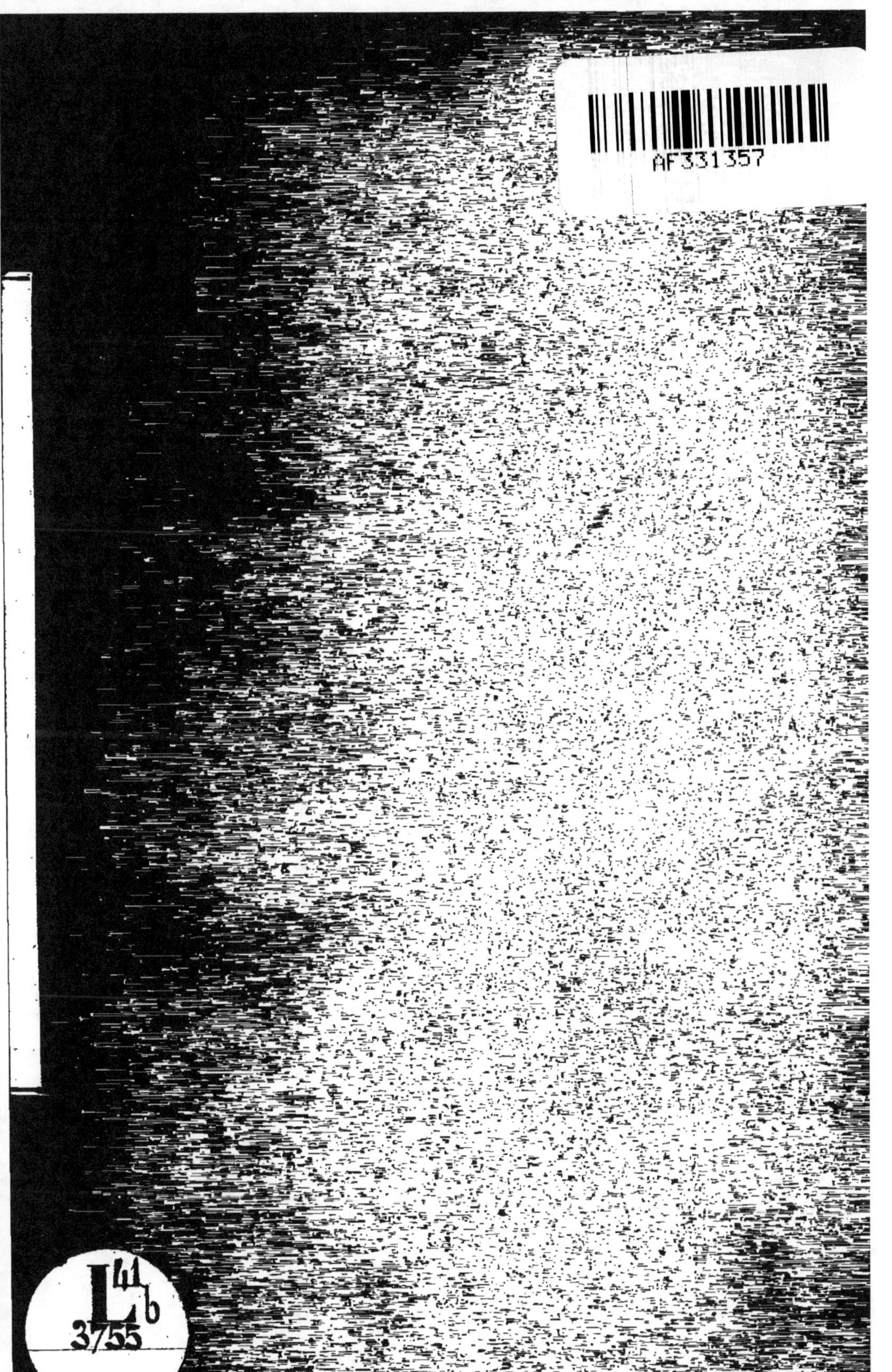

AF331357
L 41 b
3755

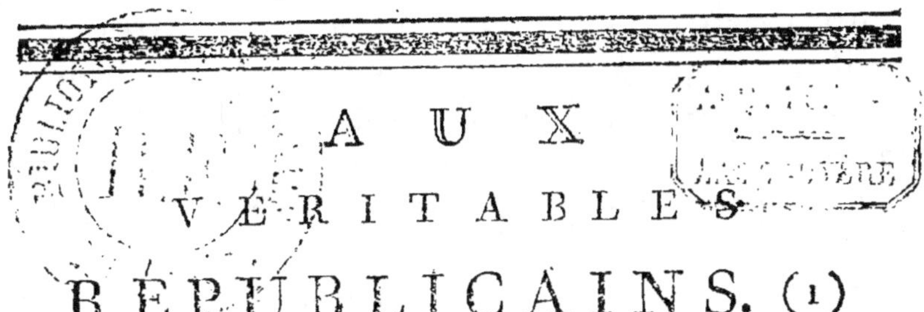

AUX VÉRITABLES RÉPUBLICAINS. (1)

PROTÉGE ouvertement, envers et contre tous, l'innocence opprimée; n'écoute ni haine, ni ressentiment, ni passion : pardonne aisément, si tu veux qu'on te pardonne : aie en horreur la médisance; et souviens-toi qu'un calomniateur est le plus grand des criminels. *XXV Préceptes de la Raison, adressés aux vrais Sans-culottes, et adoptés par la Société populaire d'Agen.*

NE sois pas méchant; aime ton prochain comme toi-même, rends-lui service, et sois bienfaisant : ne fais pas à autrui ce que tu ne veux pas que l'on te fasse; et dans la pratique de ces vertus, tu trouveras ta récompense. *XXV Préceptes.*

FRÈRES et AMIS,

LES fonctions publiques que j'exerçois, cessèrent au mois de septembre 1792, par la

---

(1) J'entends par *véritables républicains*, ceux qui idolâtrent la Liberté, et qui, dans leurs actions, écoutent toujours la Raison, et savent sacrifier leurs haines particulières et leurs intérêts à l'amour de la chose publique : ceux qui se bornent à entrer dans le temple de la Raison et cèdent à l'intrigue et à la cabale, nuisent beaucoup à la république, et par conséquent ne sont pas de véritables républicains; mais ceux qui ne sont les patriotes exaltés que pour s'enrichir, pour dominer ou pour satisfaire leurs haines particulières, sont les plus cruels ennemis de la république : ce sont eux *principalement*, qui, par leurs manœuvres, tarissent les ressources de la France, et allument le flambeau de la discorde dans le sein de la Patrie.

A

suppression de la place de commissaire près le tribunal du district d'Uzerche, département de la Corèze. Je prévis, dès lors, qu'il s'éleveroit de faux républieains qui, pour satisfaire leurs passions particulières, chercheroient à empoisonner le zèle avec lequel j'avois fait exécuter les lois, et pourroient tenter de me perdre.

Pour ôter aux malveillans tout prétexte, je résolus de ne point retourner dans mon département, d'où je m'étois absenté depuis le 14 juillet précédent, pour cause d'infirmités, qu'un travail trop fortement soutenu m'avoit procurées, et je me condamnai à la retraite, à moins que la confiance de ceux parmi lesquels je vivrois, ne me forçât d'en sortir.

J'avois connu, à Bagnères-de-Luchon, la citoyenne Marie Gripiere-Moncroc, recommandable par les qualités de son cœur et de son esprit. Je m'attachai à elle, et fus demeurer avec elle, à Agen, le 8 mars 1793 : je finis par obtenir sa main, et, du consentement de sa mère, nous nous mariames le premier brumaire dernier.

J'étois heureux, autant qu'un bon citoyen peut l'être, lorsqu'il voit sa patrie déchirée. Je possédois une épouse adorable, et j'étois aimé de tous les bons républicains de mon quartier et de tous ceux qui me connoissoient. Mes ennemis, qui m'avoient laissé tranquille jusqu'alors, portèrent envie à mon bonheur, et résolurent de me tourmenter. Un d'eux me dénonça : le 16 brumaire, un commissaire du Comité de surveillance d'Agen, le lieutenant de la Gendarmerie et trois membres de la

Compagnie révolutionnaire, vinrent m'arrêter ; ils visitèrent mes papiers, et ni trouvèrent rien de suspect : ils me conduisirent dans la prison d'Agen, où l'on ne me laissa pas même la douceur de voir ma femme. Le 25 du même mois, le lieutenant de la Gendarmerie et trois gendarmes me conduisirent dans les prisons de la Commune de Toulouse ; le 1.er pluviôse, le Greffier de la géole vint m'annoncer que le représentant du peuple, *Paganel*, avoit donné ordre de me mettre en liberté. Le 22 pluviôse, le même représentant donna, de nouveau, ordre de m'arrêter, et de me conduire dans les prisons de la commune de Toulouse. Le 30 du même mois, ce représentant me fit ramener par deux gendarmes à Agen, où je suis.

Il est temps que le voile qui couvre toutes ces persécutions soit déchiré. Il faut que je sois connu pour ce que j'ai été, et pour ce que je suis ; c'est-à-dire, pour un homme qui, dans le temps que le fanatisme exerçoit son empire, s'est élevé contre le fanatisme ; qui a résisté aux ministres despotes ; qui, lors de la convocation des assemblées primaires pour les états-généraux, s'est exposé à tout, pour inspirer à ceux qu'il gouvernoit, l'idée et l'amour de la liberté ; qui aime la liberté par principes, et qui sait que rien ne dégrade plus l'espèce humaine, que de reconnoître un maître sur la terre. Il est juste que mes ennemis soient confondus, et connus pour ce qu'ils sont.

J'ai publié divers ouvrages, entr'autres,

Histoire des Celtes, et particulièrement des Gaulois et des Germains, 8 vol. in-12, ou 2 vol. in-4.º; *Discours sur la nature et les dogmes de la religion des Gaulois*, in-12; *Histoire des Capitulaires*, in-8.º ; *Traité de l'autorité du Pape*, 5 vol. in-8.º : dans lesquels je me suis élevé, avec force, contre les abus et le fanatisme ; et j'ai relevé le prix de la liberté. Pendant tout le temps que j'ai été lieutenant-général-civil de la sénéchaussée d'Uzerche, et lieutenant-général de police de la ville d'Uzerche, j'ai traité, ce qu'on appeloit alors les paysans et les artisans, comme mes frères et mes amis ; et je les ai toujours protégés contre les riches. En 1788, lors des fameux édits qu'un ministre despote vouloit faire publier dans chaque bailliage et sénéchaussée , je m'opposai à l'enregistrement, avec mon siége; et j'eus, seul, le courage de décréter les satellites qui, dans mon ressort, vouloient agir en exécution de ces lois tyranniques, puisqu'elles n'avoient point le vœu du peuple : je décrétai aussi les curés de Treignac et de la Graulière (1), au nom desquels les satellites avoient fait les actes, et qui par conséquent leur avoient donné ordre d'agir. En 1789, lorsque je reçus l'ordre de faire la convocation de mon ci-devant ressort pour les assemblées primaires, je fis un projet de doléances que je fis imprimer à la hâte , et que j'envoyai à chaque commune, en même temps que l'ordre de convocation ; afin de lui faciliter les moyens de faire son cahier pour

---

(1) Les communes de Treignac et de la Graulière, sont du district d'Uzerche.

(5)

demander le redressement des abus , les citoyens
n'étant pas alors fort instruits de cette partie.
Dans ce projet, je demandois, 1.º des administra-
trations provinciales, dont les membres fussent
librement élus par le peuple ; 2.º la destruction
des parlemens et des autres tribunaux , pour
leur suppléer des juges librement élus par le
peuple ; 3.º l'abolition de tous les priviléges de
la ci devant noblesse ; 4.º la suppression de
tout recours à Rome , etc. etc. (1)

Par mon zèle à faire observer les lois , et
mon désintéressement, j'avois mérité la confiance du peuple ; aussi, lorsque le peuple
d'Uzerche voulut, sur la fin de 1789 , établir
une garde nationale , me força-t-il à accepter
la place de commandant, pour entretenir parmi
les citoyens la paix et l'union ; lorsqu'au mois
de janvier 1790, la commune d'Uzerche pro-
céda à l'élection du maire, fus-je nommé, à la
très - grande majorité des suffrages , malgré
quelques cabales ; et, jusqu'en 1792, ai - je
toujours été nommé président des assemblées
primaires de la commune d'Uzerche, lorsque

____

(1) Insensiblement l'esprit public s'est développé et
l'on a fait en faveur du peuple, des choses bien plus avan-
tageuses. Mais tout citoyen de bonne foi avouera que c'est
beaucoup qu'au mois d'avril 1789 , un magistrat ait osé
fronder ainsi l'opinion publique d'alors. Il est évident que
pour faire le bien du peuple, je m'exposois à toute la
fureur des ministres du despote et à la vengeance des divers
ordres de l'état, parcequ'on ne pouvoit pas prévoir alors
quelle seroit l'issue des états-généraux , tous ceux qui
avoient précédé n'ayant servi qu'à aggraver le joug du
peuple ; et si le despotisme eût prévalu aux états-généraux
par leur dissolution, (et peu s'en est fallu) ; que serois-je
devenu ? j'aurois été immolé....

j'ai été présent. Quoique j'eusse été nommé commissaire pour la formation du département, ce qui me rendoit défavorable aux yeux de quelques-uns, et quoique les électeurs du district de Brive, par leurs fausses insinuations, cherchassent à me faire perdre la confiance du peuple, lors de l'assemblée électorale pour la formation du département, j'eus, au premier scrutin, cent douze voix pour la place de procureur-général-syndic ; et, au second scrutin, les voix ne roulèrent presque que sur le citoyen *Brival* et moi. A l'assemblée des électeurs du district d'Uzerche pour sa formation, je fus nommé administrateur ; et le conseil d'administration me nomma président. Lors de la formation du tribunal d'Uzerche, je fus élu juge.

Ces faits, que je viens d'articuler, serviront à ma justification. Si mes ennemis les contestent, je ne serai pas embarrassé d'en faire la preuve.

D'après cet exposé, Frères et Amis, vous serez étonnés que le comité de surveillance de Brive ait écrit, le 5 pluviôse, au comité de surveillance d'Agen, que *j'ai fait la guerre, et cherché à maintenir sous l'oppression les crédules cultivateurs de mon pays ;* mais votre étonnement cessera, lorsque vous connoîtrez l'esprit de haine qui a dicté cette lettre (1).

---

(1). Il est à propos de faire connoître les motifs de cette haine. Tout le monde doit se rappeler qu'en 1790, des particuliers attroupés parcouroient les communes du département de la Corèze et y portoient la dévastation. Il y en eût plusieurs qui furent arrêtés, entr'autres le citoyen *Durieux*, tambour-major de la garde nationale de Brive, qui passoit pour porter le peuple à la dévastation. Des

» Nous avons , dit-il , fait inutilement, *depuis*
» *quelque temps* , toutes les recherches qui
» étoient en notre pouvoir, sans découvrir
» *où existoit encore* un certain *Chiniac ,*
» malheureusement notre compatriote ; parce
» qu'il fit la guerre , et chercha à maintenir
» sous l'oppression les crédules cultivateurs de
» son pays. Mais nous avons découvert que *ce*
» *scélérat ,* etc. »

---

citoyens de la commune de Brive s'assemblèrent et présen-
tèrent à l'Assemblée nationale une pétition pour demander
une amnistie en faveur de ceux qui avoient été arrêtés.
Diverses communes furent effrayées de cette démarche ,
parce qu'elles craignirent de voir renouveller avec encore plus
de fureur les attroupemens et les dévastations. La commune
de Tulle envoya des députés extraordinaires à Paris pour
s'opposer a l'amnistie et demander que l'on instruisît le procès
des détenus. La commune d'Uzerche fit une adresse le 11
mars de ladite année , aux mêmes fins ; il y eut plus de
50 communes du département de la Corèze qui en firent
autant. J'étois alors maire de la commune d'Uzerche. Il
y eut plusieurs écrits publiés pour l'amnistie par les
citoyens qui dominoient la commune de Brive ; il y en eut
d'autres publiés contre l'amnistie par les communes de
Tulle et d'Uzerche. La commune de Brive dénonça alors à
l'Assemblée nationale la commune d'Uzerche et moi qui
en étois maire. L'Assemblée nationale, par son décret du
26 août 1790, termina toute division entre les diverses communes du département de la Corèze : elle renvoya devant
les officiers municipaux de Bordeaux , alors juges ordinai-
res en matière criminelle, le procès des détenus, et invita
toutes les municipalités , communes et gardes nationales
du département de la Corèze , aux sentimens de fraternité
et d'union qui devoient animer tous les Français pour le
maintien de l'ordre et de la constitution. Dès lors tout fut
tranquille dans le département de la Corèze. Le comité dé
Brive devoit-il chercher à ressusciter cette affaire , et en
prendre prétexte pour m'accuser ? Il prouve que l'esprit
républicain n'est pas dans son cœur et que la haine dirige
ses mouvemens.

D'abord, le comité de Brive en impose ouvertement, lorsqu'il suppose avoir fait, depuis quelque temps, d'inutiles recherches sur le lieu où j'existois. Depuis environ vingt mois, que je suis absent de la commune d'Uzerche, où je résidois autrefois, j'ai constamment envoyé des certificats de résidence ; et la preuve en est, que, si je ne l'avois pas fait, le district de Brive, dans l'étendue duquel mes biens sont situés, m'auroit mis sur la liste des émigrés, et mes biens seroient séquestrés ; tandis qu'ils ne le sont pas, et que le comité de Brive n'auroit pas manqué de me dénoncer comme émigré : ce qu'il n'a pas fait. Le comité de Brive n'avoit donc aucune recherche à faire pour découvrir le lieu de mon domicile ; il n'avoit qu'à s'en informer au district d'Uzerche, où je résidois auparavant. Il est donc évident que le comité de Brive en a imposé, en disant qu'*il avoit fait, depuis quelque temps, toutes les recherches qui étoient en son pouvoir, sans découvrir*, etc. ; et ce mensonge, bien avéré, préjuge, seul, qu'il n'est pas plus véridique dans l'imputation qu'il me fait ; d'autant plus qu'il n'est pas vraisemblable que, *si*, lorsque j'étois en place, *j'eusse fait la guerre, et cherché à maintenir sous l'oppression les crédules cultivateurs de mon pays*, on ne m'eût pas alors dénoncé, et qu'on eût attendu, pour me faire punir, que je fusse absent de mon pays, pendant près de deux ans, et que je n'eusse plus aucunes fonctions publiques.

Mais, Frères et Amis, comment trouvez-vous cette expression du comité de Brive : *Où existoit encore un certain Chiniac ?* Il est clair

que mon existence pèse aux membres du comité
de Brive , et qu'ils voudroient m'immoler à leur
fureur (1). C'est pour cela, sans doute, qu'après
m'avoir traité de *scélérat*, sans toutefois articuler aucun fait , et sans me faire d'autre in-
culpation que celle qu'on a vue ci-dessus , le
comité de Brive dit que *le représentant du
peuple*, Paganel, *m'a élargi* (après trois mois
de prison , sans que j'aye su pourquoi j'avois
été arrêté) *par l'effet de la surprise la plus
manifeste ;* et demande que le comité de surveillance d'Agen *me fasse arrêter , sur le
champ , et conduire , de brigade en brigade,
dans la maison d'arrêt de Brive , ou de Tulle.*
Le comité d'Agen , qui ne pouvoit pas soup-
çonner que celui de Brive cherchât à le tromper,
avoit effectivement ordonné , par son arrêté
du 2 de ce mois, que je serois transféré dans la
maison d'arrêt de Brive ; et, si l'état de maladie
où je suis, ne se fût pas opposé à ma translation,
c'en seroit fait de moi (2). Le comité d'Agen
n'a pas cru qu'il fût en son pouvoir de ré-

---

(1) J'ai toujours présente à mon esprit la mort de
Jerôme Chiniac, mon frère , premier juge du tribunal de
Brive , arrivée sur la fin de 1790. On n'a jamais pu découvrir par qui il avoit été enlevé au sortir du club , et
comment il avoit été sacrifié ; mais son cadavre fut découvert
dans la rivière de Corèze , lorsque j'eus fait imprimer et
publier une lettre circulaire par laquelle je promettois cent
louis d'or à quiconque m'indiqueroit où il étoit....

(2) Notez que les membres du comité de surveillance
de Brive qui ont signé la lettre au comité de surveillance
d'Agen , sont ceux qui, en 1790, avoient dénoncé à
l'Assemblée nationale la commune d'Uzerche et moi.

voquer son arrêté ; parce que le représentant du peuple, *Lanot*, avoit approuvé la lettre du comité de Brive. Je me suis donc pourvu devers le représentant du peuple près le département de Lot et Garonne, qui, par son arrêté du 13 de ce mois, a renvoyé mon affaire devant le comité d'Agen, jusqu'à son arrivée très-prochaine. C'est au comité d'Agen, que la dénonciation faite contre moi, doit être instruite ; et ma demande est fondée même sur un décret du 19 pluviôse. Je suis très-flatté que mon affaire soit entre les mains de citoyens qui verront avec impartialité les choses telles qu'elles sont.

C'est donc au comité de surveillance d'Agen, que le comité de surveillance de Brive, et tous autres qui voudront me dénoncer, doivent faire parvenir les faits dont ils veulent m'inculper, et les preuves sur lesquelles ils les appuient.

Je les attends, Frères et Amis, avec le calme d'une conscience pure. Quoique mon corps soit usé par les souffrances que j'éprouve depuis près de cinq mois, mon ame conserve presque toute son énergie ; et je me défendrai avec le caractère qui convient à un véritable républicain. J'espère que ma justification vous fera juger que je suis digne d'être mis au rang de vos frères ; et que vous trouverez, que, si je n'ai pas eu l'enthousiasme des fondateurs de la république, j'ai du moins un caractère propre à la soutenir. Mon ambition se borne à voir prospérer la république, et à la voir purger de ces faux frères qui lui nuisent plus par leurs manœuvres , que les artifices de *Pitt* et les armes des tyrans coalisés.

Salut et fraternité,

Le citoyen Pierre CHINIAC,

Agen , le 21 ventôse , l'an 2.e de la république, une et indivisible.